1 MONTH OF
FREE
READING

at

www.ForgottenBooks.com

By purchasing this book you are eligible for one month membership to ForgottenBooks.com, giving you unlimited access to our entire collection of over 700,000 titles via our web site and mobile apps.

To claim your free month visit:

www.forgottenbooks.com/free376430

ISBN 978-0-332-44925-8
PIBN 10376430

RAILLERIE VNIVERSELLE

DÉDIÉE AVX CVRIEVX DE CE TEMPS.

Tiré à 162 exemplaires

Dont : 150 sur papier de Hollande 2 50

      8 sur papier rose. . . . . 4 »

      4 sur carton Bristol de couleur . . . » »

RAILLERIE

VNIVERSELLE

DÉDIÉE

AVX CVRIEVX DE CE TEMPS,

EN VERS BURLESQUES,

.

Précédée d'un avertissement

PAR CH. V. S.

LILLE,

CHEZ LELEU, LIBRAIRE, RUE DE TENREMONDE, 17.

—

AVERTISSEMENT.

C'est assurément un des chapitres les plus intéressants de l'histoire de l'esprit français que celui où irrité des vexations du Mazarin, il s'insurge et déborde en chansons, en quolibets, en épigrammes, voire même en injures. Railler devient le besoin général, la plaisanterie nécessité, la turbulence l'état normal.

Malheur à qui n'aime pas les chansons ! On chansonne tout à cette époque : la reine, le cardinal, la guerre et jusqu'à la famine.

Mal avisé celui qui eût voulu parler autrement que le sourire et l'ironie sur les lèvres, il eût été interrompu par le refrain de la Mazarinade en vogue, et on lui eût tenu peu de compte de ses frais d'éloquence. S'ils voulaient être entendus, les sages devaient se dérider, et la raison pour se faire écouter devait parler en vers burlesques, *ridendo castigare.*

Parmi ce déluge de quolibets et de pièces souvent inqualifiables, il en est qui ne laissent pas que d'être très-intéressantes et qui n'ont que le défaut d'être aujourd'hui fort rares, d'un prix excessif par conséquent, inabordable à la généralité des lecteurs, qui doivent se résigner à les voir entre les mains de bibliomanes qui se gardent bien de les lire, encore moins de les communiquer.

Plusieurs réimpressions, en les mettant à la portée de toutes les bourses, ont fait connaître à Lille les plus piquantes Mazarinades.

Aujourd'hui c'est une leçon de philosophie rimée par un frondeur, que nous mettons sous les yeux du public.

Elle est extraite d'un recueil très-rare où sont rassemblées les pièces les plus curieuses de l'époque. Nous croyons être agréable en offrant *aux curieux de ce temps* la *raillerie universelle*, dédiée aux curieux de la Fronde. L'auteur eut pû appeler ses quatrains *les effets et les causes*. C'est plaisir de passer en revue avec lui toutes les misères, grandes et petites qui, en l'an de grâce 1649, accablaient la pauvre humanité. Sans être toujours convaincu, on écoute volontiers les causes que leur attribue l'auteur. Sans en proclamer l'efficacité, on aime à voir les remèdes qu'il y apporte. L'observateur sera presque toujours ingénieux et naïf, souvent profond sous une apparente légèreté. Malgré quelques expressions triviales, ou tombées en désuétude, malgré la monotonie de la forme, malgré la longueur du morceau, dont notre malheureuse nature est plus coupable que l'auteur. On parcourra, avec plaisir, nous l'esperons, cette longue énumération, on la parcourra jusqu'au bout, ne fût-ce que pour être édifié par les deux derniers quatrains, qui à la vérité, ont peu de rapport avec les ridicules du temps, mais qui prouvent de la part de l'auteur une excellente intention. Il voulait *faire une fin*, comme on dit aujourd'hui, il termine en se signant. Voyez plutôt.

Si jusques à tant que l'on meure,
Au monde on a mil déplaisirs,
C'est qu'on ne pense de bonne heure
A porter plus haut ses désirs,
Et si nostre âme n'est contente
Dans la richesse et les plaisirs,
C'est qu'hormis Dieu tout autre attente
Ne peut contenter nos désirs.

C. V. S.

RAILLERIE VNIVERSELLE

DÉDIÉE

AVX·CVRIEVX DE CE TEMPS.

EN VERS BURLESQUES.

Si le Financier a l'enclume
Qui forge l'or en vn moment,
Quand le temps change et qu'on le plume,
Il le rend aussi promptement.

Si les renars ont l'asseurance
De prendre par tout des poussins,
C'est qu'ils sçauent bien qu'en la France,
On ne punit pas les larcins.

Si la bigote oyant la Messe
Pouuoit acquérir la douceur,
Elle tiendroit mieux la promesse
Qu'elle fait à son Confesseur.

Si la femme deuotieuse
Est en estime d'vn chacun,
C'est qu'vne pierre précieuse
A son prix qui n'est pas commun.

Si les vertus sont délaissées,
Bien qu'elles deuroient nous charmer,
C'est qu'estant mal recompensées
Peu de gens les veulent aimer.

Si le vice deuient énorme
En s'attachant aux passions,
C'est que l'habitude se forme
Par des fréquentes actions.

Si nous seruous d'apprentissage
Aux maux que nous voulons guérir,
C'est qu'vn Médecin n'est pas sage
Qu'il n'en aye bien fait mourir.

Si nous connoissons par pratique
Que le monde est remply de fous,
C'est le vin, la femme impudique
Et le jeu qui nous perdent tous.

Si la personne bien accorte
Se règle en sa condition,
C'est crainte d'vne chaine forte
Que traine l'obligation.

Si l'on met de la différence
Aux hommes par l'extérieur,
C'est qu'on s'attache à l'apparence
Quand on ne connoist pas vn cœur.

Si le sage aime mieux vn liure
Qu'vn homme pour son entretien,
C'est qu'vn liure aprend à bien viure
Et l'homme sounent ne vaut rien.

Si la chose a plus de merite
En cachant les deffauts qu'elle a,
L'eau qui dort et l'homme hypocrite
Ont de l'auantage en cela.

Si les fourmis ayant des ailes
En volant rencontrent la mort,
La liberté qu'on donne aux belles
Ne leur fait gueres moins de tort.

Si l'on fait bien lors qu'on appaise
Vn sergent qui tient au colet,
C'est que le poisson est bien aise
Quand il s'eschappe du filet.

Si l'on estime la sagesse
D'vn que l'or ne peut attirer,
C'est que la plus grande richesse
Est de ne le pas désirer.

Si Naple auec son influence
Peut pourrir les corps et les dents,
C'est qu'elle trouue vne substance,
Qui se porte à ses accidents.

Si la Sireine a des délices
En ses yeux qui sont pleins d'appas,
Elle cache ailleurs ses malices,
En sa queue qu'on ne voit pas.

Si le Noble auec sa noblesse
Ne tronne pas de quoy disner,
L'argent à cette gentillesse
Qu'à toute heure il en peut donner.

Si le poltron qui craint la touche
Fuyt vn assaut par dessus tout,
C'est qu'on ne voit pas vne mouche,
Près d'vne marmite qui bout.

Si l'homme doux est plein de charmes
Pour obtenir tovt ce qu'il veut,
Le rude fait tant de vacarmes
Qu'on luy résiste tant qu'on peut.

Si l'on voit que le Faucon prise
Les cœurs qu'on donne en ses repas,
C'est que la viande est exquise,
Puisqu'on en vent bien qu'on n'a pas.

Si l'amour fait vne partie,
Il agit en perfection
Quand il fait que la sympatie
Le seconde en son action.

Si l'huile est vn puissant remède
A bien des maux pour les guérir,
L'esprit que le sage possède
Peut encore mieux secourir.

Si le vieil amant qui soupire
Fait le jeune homme et ne l'est pas,
N'est-ce pas qu'vn chacun desire
Se déguiser iusqu'au trespas.

Si l'on voit changer les iournées
A des fanoris de la Cour,
C'est vn effet des destinées,
Et non pas de l'astre du iour.

Si l'on n'a point de récompence
De ces Courtisans affronteurs,
C'est qu'ils font si grande dépence,
Qui n'ont rien pour leurs seruiteurs.

Si plusieurs au lieu de déplaire
Sont bien venus en demandant,
C'est qu'ils commancent leur affaire
Par les présens en abordant.

Si les femmes sont des lyonnes
Estant jalouzes des maris,
Pour les faire deuenir bonnes
Qu'on les éloigne de Paris.

Si le visage de la Lune
Est bien sujet au changement,
Qu'est le masque de la Fortune
Qui la déguise en vn moment.

Si l'on charme par flaterie
Ceux qui sont en prospérité,
C'est qu'ils trouuent la menterie
Plus douce que la vérité.

Si l'homme peut donner à boire
De la glace en toute saison,
C'est quand le soupçon luy fait croire
Qu'il est trahy dans sa maison.

Si Dieu donne aux hommes d'Eglise
Du bien qui ne peut profiter,
Cela se fait par l'entremise
Du diable qui leur fait quitter.

Si la fille fait qu'on soupire
Quand on la voit tant rechercher,
C'est qu'on doit plaindre le nauire
Qui va donner contre vn rocher.

Si le jaloux a l'humeur morne,
C'est qu'vne Venus sans respect
Le menace du Capricorne
Si Mars y mesle son aspect.

Si des personnes bien accortes
Font tous les iours tant de cocus,
C'est que rien n'ouure bien les portes
Comme les clefs et les esens.

Si l'ignorant sçait bien son rolle,
C'est quand sa langue ne dit mot,
Puis qu'en retenant sa parole
On ne voit pas qu'il est vn sot.

Si le docte en Géométrie,
A bien de la subtilité,
On a bien autant d'industrie,
Quand on sort de nécessité.

Si la femme est vne volage
Qui ne fait qu'aller et venir,
L'occasion a bien plus d'âge,
Que l'on ne sçauroit retenir.

❦

Si l'on voit que le mal extrême
Se relasche dans le tourment,
Les dettes ne sont pas de mesme,
Leur peine dure incessamment.

❦

Si les champs plaisent aux gendarmes
Pour satisfaire à leurs désirs,
Les panures y versent des larmes
Auec beaucoup de déplaisirs.

❦

Si plusieurs ont souuent enuie,
Et la perdent d'estre à la Cour,
C'est que la douceur de la vie
N'est pas en ce fardé sejour.

❦

Si la peste, famine et guerre,
Sont présages de la douleur,
Les femmes qui sont sur la terre
Sont les Comètes du malheur.

❦

Si nostre humeur insatiable
Veut de l'argent en quantité,
C'est que rien n'est insupportable
Comme d'estre en nécessité.

Si l'Auocat a la richesse,
Il ne s'en faut pas étonner,
Puisqu'il commence en sa jeunesse
A tout prendre et ne rien donner.

Si l'amour est vne manie
Qui jette la poussière aux yeux, .
C'est faute de suiure Vranie
Qvi nous conduiroit dans les Cieux.

Si la flaterie peut plaire
De la part d'vn rusé flateur,
C'est qu'elle n'est pas assez claire
Pour en vouloir mal à l'autheur.

Si lon voit viure d'vne fable
Vn Astrologue insuffisant,
Vn Poëte est si misérable
Qu'il meurt de faim en la disant.

Si ceux qui peschent des anguilles,
Et toutes sortes de poissons,
Ne peuuent pas prendre des filles,
C'est que l'or manque aux hameçons.

Si eeluy qui preste est vn Ange
Au temps qu'il nous fait obliger,
Quand il faut payer, il se change
En diable pour nous affliger.

Si beaucoup dans leurs mariages
Ont des yeux qui ne pennent voir,
C'est que ceux qui sont les plus sages
Ne désirent pas tout sçauoir.

Si l'homme tombe en sa vieillesse
En vne grande pauureté,
C'est vn signe qu'en sa ieunesse
A trop aimé l'oisiueté.

Si l'homme remply d'innocence
Est attrapé des Courtisans,
C'est qu'il ne sçait pas leur essence,
Traistres, flateurs et médisans.

Si le Singe, et la sotte femme
Nous font rire en leurs actions,
C'est que le plus sonnent, leur âme
A de mesmes conceptions.

Si le sage quoy qu'il endure
N'est pas pressé de s'embarquer,
C'est qu'il sçait prendre sa mesure,
Et le temps ne luy peut manquer.

Si beaucoup de ceruelles vuides
En rendent tant d'infortunés,
C'est qu'on ne donne pas des guides
Aux aueugles passionnés.

Si le temps retient les pensées,
D'un qui fait profiter son bien,
C'est que, quand les eaux sont passées,
Les moulins ne seruent de rien.

Si les femmes qui sont honnestes
Ne doivent point aller au bal,
C'est crainte de mauuaises bestes
Quy s'y trouuent pour faire mal.

Si le desir insatiable
Estoit conduit par la raison,
On ne trouueroit pas aimable
Ce qui n'est que fiel et poison.

Si nous croyons que l'Alequcmiste
N'est pas sage en sa qualité,
Qu'est sa science qui consiste
A tromper en la quantité.

Si c'est vne chose éuidente
Qu'il pert l'or en son action,
C'est qu'vne forme précédente
N'est pas en vne priuation.

Si les Luts charment les oreilles
Des femmes qui font des cocus,
Le son du verre et des bouteilles
Rauit les enfaus de Baccus.

Si la peur dont l'ame est touchée
Donne au corps de si grands tourmens,
C'est parce qu'elle est attachée
Au principe des sentiments.

Si l'Auocat a la science
De faire durer le procès,
Le médecin a l'impudence
De faire durer les accès.

Si la fille de sa naissance
Fait du mal en la regardant,
C'est que l'espine a la puissance
De picquer en se deffendant.

Si le joueur dit des blasphèmes
Transporté dans sa passion,
Vn marchand en fait bien de mesmes
Pour vendre à sa discrétion.

Si l'homme a de la suffisance
Et s'il ne sçauroit profiter,
C'est que l'art a peu de puissance
Quand Dieu ne veut pas assister.

Si l'amant discret est coupable
Aimant la femme d'vn jaloux,
C'est que l'obiet en est blasmable,
Bien que son péché semble doux.

Si la vieillesse est dédaignée
Des ieunes plains de passions,
C'est qu'ayans leur âge esloignée,
Ils ont d'autres affections.

Si le médisant fait la guerre,
Et s'en voit puny quelque iour,
C'est que lors qu'on iette vne pierre,
On doit attendre le retour.

Si l'on voit vne vieille rude,
Quand on la pense corriger,
C'est qu'elle a pris son habitude,
D'où vient qu'on ne la peut changer.

Si pas un homme ne peut dire,
Qu'il soit heureux auant sa mort,
C'est qu'on ne voit pas vn nauire
Asseure denant qu'estre au port.

Si la musique est innocente
En seruant avx deuotions,
Elle est autrement agissante
Parmy les folles passions.

Si ce n'est pas chose commune
D'auoir à la Cour de l'argent,
C'est que pour y faire fortune
Faut estre sourd et diligent.

Si Rome a presenté l'Empire
A Cippe, vn cornu citoyen,
En ce temps vn cornu fait rire,
Et n'est pas Roy par ce moyen.

Si la fortune moderée
Contente vn cœur libre de soins,
Pour auoir l'ame temperée
Vn courage n'en vaut pas moins.

Si le Berger dans sa cabane
Desire l'or pour estre heureux,
C'est que l'homme n'est plus vn asne
Pour en deuenir amoureux.

Si l'on voit qu'vne giroüette
Fait des tours autant que le vent,
La femme est une piroüette
Qui tourne encore plus sounent.

Si la cervelle bien solide
Passe par tout sans s'ébranler,
C'est qu'ayant la vertu pour guide
On ne craint pas de chanceler.

Si la Dialectique inuente
Des sujets pour bien disputer,
Vne harangere impatiente
En trouue autant pour ergoter.

Si quelque gentilhomme outrage
Vn bourgeois auec de l'excès,
Qu'il luy souhaite en mariage.
Vne putain, et des procès.

Si l'Auocat est plein de ruses
Pour déguiser la vérité,
Sa femme trouue autant d'excuses
Pour faire vne infidélité.

Si le monde a tant d'artifice
Qu'on a peine d'en eschapper,
C'est qu'on ne voit pas un office
Si général que de tromper.

Si le voyageur se délasse
Dessus le liet d'vn paysan,
C'est que l'ennuy fuit sa paillasse
Pour estre au liet d'vn Courtisan.

Si les offices se possèdént
Par ceux qui n'ont point de sçauoir,
C'est que les plus sages leur cèdent,
Puis que l'argent les fait auoir.

Si la galère est sans amorce
A quelque larron effronté,
C'est que tout ce qu'on fait par force
Ne peut plaire à la volonté.

Si le ialoux tient de la Lune,
Et prend la mouche à tous propos,
C'est peur d'vne chose commune
Qu'il est priué de son repos.

Si les ames qui sont finettes
Font voir qu'vn homme est vn moqueur,
C'est qu'on ne voit point de lunettes
Qui puissent découurir vn cœur.

Si par les effets de l'ennie
Le bon souffre d'estre offensé,
C'est qu'il espère une autre vie
Où le bien est récompensé.

Si la femme est vne rusée
Que l'on ne connoist que bien tard,
C'est que son âme est déguisée,
Et son corps sonnent plein de fard.

Si l'homme de bien doit apprendre
A connoistre ses passions,
C'est qu'il est obligé de rendre
Le conte de ses actions.

Si la connoissance fait dire
Qu'on en croit sages qui sont fous,
C'est que la passion attire
Auecque des charmes bien doux.

Si les vieilles sont des tempestes
Qui ne sont propres qu'à troubler,
Que ne prend on de ieunes bestes
Quand on désire s'emmeubler.

Si l'abstinence est nécessaire,
Et si plusieurs la font en vain,
C'est qu'elle n'est pas salutaire
Quand on la fait faute de pain.

Si l'on est content d'vn potage
Où trempent le lard et les choux,
C'est que pour auoir dauantage
Le repas n'en est pas plus doux.

Si les femmes bien auisées
S'éloignent de l'occasion,
C'est parce que les plus rusées
Y trouuent leur confusion.

Si les larrons font pénitence,
Et sont pleins de contrition,
C'est peu, puisque leur repentance,
Manque de satisfaction.

Si quelque financier abuse
De la multiplication,
Pour vser d'vne contre ruse,
Qu'on vienne à la substraction.

Si la plainte nous est loisible:
Vn Moine n'a point d'amitié,
La putain a l'âme insensible,
Et le Iuif vn cœur sans pitié.

Si l'on connoist que le silence,
Est en la bouche d'vn prudent,
C'est qu'vn parler plein d'insolence
Fait voir qu'vn homme est impudent.

Si le sot nous veut faire croire
Qu'il est propre à plus d'vn mestier,
C'est qu'vu lièure a peu de mémoire,
Puisqu'il oublie son sentier.

Si la chose n'est conseruée
En ayant la possession,
C'est qu'elle n'est pas releuée
Puis qu'on en perd la passion.

Si les Césars en vne ligne
Signoient la fin de nostre sort,
Que fait vn Médecin qui signe
Vne ordonnance de la mort.

Si la peine est trop paresseuse
Vers les méehans pour les punir,
C'est que les dieux l'ont fait boîteuse,
Mais pourtant elle doit venir.

Si l'amour d'vne morfondue
Réduit vn homme à soupirer,
La santé qu'il aura perdue
Le fera beaucoup endurer.

Si la colique nous fait croire
Que ses vents sont malicieux,
Que doit faire le vent de gloire
A ceux qui sont ambitieux ?

Si l'objet de l'Anatomiste
Est de mesme que d'vn boucher,
C'est que tout leur employ consiste
A ne rien faire que hacher.

Si la bourse n'a du dommage
Quand on entreprend de bastir,
Que l'on se mette en mariage
On luy fera bien ressentir.

Si l'on désire la science
Des choses que l'on doit préuoir,
La prudence et l'expérience
Sont celles qui la font auoir.

Si le malicieux se range
Auprès d'vn bou pour l'attraper,
C'est qu'vn méchant luy rend le change,
Et l'empèche de le tromper.

Si les manteaux sont nécessaires
Pour se couurir en tous les lieux,
Vn bon ordre dans les affaires
Met à couuert encore mieux.

Si les belles font tant de choses,
Pour faire leurs maris cocus,
C'est qu'elles sçanent que les roses
Deviennent bientost gratte cus.

Si la vertu doit estre aimée
De ceux qui sont les plus puissans.
C'est que la bonne renommée
A des charmes bien rauissans.

Si l'on voit qu'vn Moine s'enferme
Anccque d'autres pénitens,
C'est qu'vn jamais a plvs long terme
Qu'vne vie de cinquant' ans.

Si l'on manque en se croyant sage
Et s'il est rare d'en tronuer,
C'est qu'on reconnoist par l'vsage
Que peu pensent à se sauuer.

Si l'amour fait que l'on se pasme
Dans vne folle passion,
C'est que rien ne chatouille l'âme
Comme l'imagination.

Si la musique qu'on nous donne
Ne rend pas nos esprits contens,
C'est qu'elle n'est iamais si bonne,
Qu'vn accord auec le temps.

Si le muet pour sa défense
Cherche un moyen de babiller,
Que fera l'homme qu'on offense,
Qui sçait discourir et parler?

Si l'on voit tant d'affetteries
En la bouche d'vn Orateur,
C'est que les nuës menteries
Font trop tost connoistre vn menteur.

Si le sçauant sçait en son ame
Qu'il ne sçait rien parfaitement,
L'ignorant mérite du blâme
Croyant sçauoir extrêmement.

Si les plaisirs que l'on possède,
Redoublent leurs contentemens,
C'est quand la peine qui précède
A fait ressentir ses tourmens.

Si toute chose désirée
Fait souffrir dans la passion,
La peine n'a plus de durée,
Quand on a la possession.

Si la femme qui fait la fine,
Se fasche de se voir aimer,
Elle ne le fait que par mine,
Pour se faire plus estimer.

Si le sage passe sa vie
En seruant la Diuinité,
C'est peur de la voir asseruie
Sous les loix de la vanité.

Si la putain vante sa race,
Auce trop d'affectation,
Vn Breton a la mesme grace
Parlant de son extraction.

Si l'on doit vser de bricole
A la Perle ou bien au Marest,
Que doit faire vn qui nous cajole
Pour nous mettre en ses intérests.

Si le fer tiré de la braize
Doit estre battu chaudement,
C'est qu'estant hors de la fournaize
Il deuient froid en vn moment.

Si Dieu guérit la maladie
Comme le souuerain agent,
On voit vne main trop hardie
Au Médecin qui prend l'argent.

Si les bordels sont dedans Rome
Seulement en quelque quartier,
A Paris saune le bon homme,
On en fait partout le mestier.

Si l'on doit faire sa prière
Estant en péril éminent,
Vn bourreau frappant par derrière
Doit émouuoir vn patient.

Si dessus la mer vn Corsaire,
Dérobe auecque de l'excès,
Que fait sur terre vn Commissaire
En faisant l'ordre d'vn procès.

Si l'homme de bien voit sans craindre,
La femme qu'il estime peu,
Croit-il que l'étouppe est à plaindre
Quand elle approche près du feu?

Si la mort est tant désirée,
C'est des affligés qui n'ont rien,
Puisqu'on voit qu'elle est abhorrée
De ceux qui possèdent le bien.

Si l'on a la perséuérance
Parmy les plus grands desplaisirs,
C'est vn effet de l'espérance
Qui flatte au milieu des désirs.

Si l'on est trompé par la forme
Des Caméléons de la Cour,
Le temps qui ne veut pas qu'on dorme,
Les fera reconnoistre vn iour.

Si les vieux ont la face blesme
Par l'entremise des douleurs,
L'amour des filles fait de mesme
Leur donnant les pasles couleurs.

Si le Milan vit de la proye
Qu'il peut prendre iournellement,
Vn Gendarme qui plume l'oye,
Ne se conduit pas autrement.

Si les Sorciers perdent leurs ames
En seruant le Diable au sabat,
Les garçons qui seruent les Dames
Se perdent dans le célibat.

Si l'on voit si grande asseurance
Aux coups faits par des estourdis,
C'est que n'ayant plus d'espérance,
Le désespoir les rend hardis.

Si la peur donne des atteintes
Aux hommes pleins d'impiétés,
C'est qu'on ne peut êstre sans craintes
En faisant des méchancetés.

Si la crainte du cocuage
Peut trauerser nostre bonheur,
C'est qu'on sent vne grande rage
Quand vne femme oste l'honneur.

Si la femme est malicieuse,
Et méprise la chasteté,
Ce qui la rend si vicieuse
C'est sa trop grande oisiueté.

Si l'Afrique donne naissance
A des bestes dans ses déserts,
La musique a mesme puissance;
On en void bien dans ses concerts.

Si l'ignorant manque de ruse
Pour préuoir et fuir ce qui nuit,
Il mérite bien qu'on l'excuse
Puis qu'il ne marche que de nuit.

Si le sage ne parle guères,
C'est pour n'anoir point de regret,
Puisque les paroles sont chères
A eeluy qui dit son secret.

Si les cheminées fumeuses
Chassent l'homme de sa maison,
Les femmes qui sont des causeuses
Le font auec plus de raison.

Si le conseil qu'vn vieil nous donne,
Ne peut apporter que du bien,
C'est que la chasse est tousiours bonne
Quand la meutte suit vn vieux chien.

Si les vieux sont si misérables
Que d'estre abandonnés de tous,
C'est qu'ils nous disent tant de fables
Que nous les tenons pour des fous.

Si le panure cocu se fasche
Que son sçauoir va trop auant,
Celny qui luy met son panache,
Est encore bien plus sçauant.

Si la personne impatiente
Peut malaisement paruenir,
C'est que toute chose excellente
Veut vn long temps pour l'obtenir.

Si le stupide ne s'anime
Des sciences pleines d'appas,
C'est qu'il ne fait pas grande estime
Des choses qu'il ne connoist pas.

S'il faut auoir de la science
Pour faire aux eschecs vn bon tour,
Il faut bien plus de patience
Pour faire vn bon trait en amour.

Si les rats percent les murailles,
Et ne sont propres qu'à ronger,
Les Poètes sont des canailles,
Qui cherchent partout à manger.

Si des personnes offensées
Parlent inconsidéremment,
D'autres retiennent leurs pensées,
Et le font ance iugement.

Si le François dit ce qu'il pense
Alors qu'on le veut offenser,
Vn Normand traistre en récompense
Ne déclare pas son penser.

Si l'on voit qu'vn Inge désire
Des cornes pour estre paré,
Vn autre les a, qui soupire,
Et son œil en est égaré.

Si la faueur tourne en disgrâce,
Et nous ne désespérons point,
C'est que Dieu qui fait qu'on nous chasse
Nous peut mettre en vn plus haut point.

Si la grandeur demesurée
Perd le petit en ses souhaits,
C'est qu'vne victoire espérée
Ne vaut pas vne seure paix.

Si l'impudique est vne sotte,
Bien que son amour soit secret,
On a tort de croire idiotte
Celle qui refuse vn discret.

Si nous deuons craindre qu'vu traistre
Ne loge pas dans nos maisons,
C'est qu'encore qu'on soit son maistre
On ne l'est pas des trahisons.

Si le charlatan qui nous prie
Obtient ce qu'il veut aisément.
L'argent a bien plus d'industrie,
Puis qu'il a tout en vn moment.

Si la prière d'vne dame
Fait tant d'effet sur les esprits,
C'est qu'elle sçait vn autre game
Que les serins de Canaris.

Si la richesse est désirable
Pour n'estre pas un mandien,
Mal acquise elle est déplorable,
Et c'est un mal, non pas vn bien.

Si l'Alquemiste n'a qu'en bouche
L'argent qu'il promet aux humains,
C'est qu'vn habile qui le touche,
Ne le va pas mettre en ses mains.

Si l'estocade est importune
Que tire vn adroit escrimeur,
Quand vn emprunteur en porte vne,
On doit estre en mauuaise humeur.

Si le panure a cette auenture
Que d'estre assisté du prudent,
C'est que la moindre créature
Peut seruir en quelque accident.

Si le vieil, quand sa femme est morte,
A si peu de ressentiment,
C'est que sa flamme n'est plus forte,
Et qu'il s'en lasse promptement.

Si l'on méprise la parole
Parce qu'elle ne couste rien,
Elle n'est pourtant si friuole
Qu'vn rusé ne la vende bien.

Si la cassade est nécessaire
Au ieu qui dépend du hazard,
Vn qui vend l'intellectuaire,
Doit aussi l'entendre en son art.

Si l'on voit croistre vne amourette
Que l'on ne faisoit que par jeu,
C'est qu'vne petite bluette
Fait naistre sonnent vn grand feu.

Si l'on voit la bourde ordinaire
Aux escrits d'vn Historien,
C'est ce qu'vn Auocat sçalt faire
Aux causes qui ne valent rien.

Si l'on connoist des tromperies
Aux draps qu'on inge des meilleurs :
Les esprits pleins de menteries
Font bien voir qu'on en trouue ailleurs.

Si par où la couleuure passe
Le venin demeure arresté,
C'est ce qu'on remarque à la trace
D'vn remply de meschanceté.

Si l'homme, bien qu'il soit aimable,
A crainte d'estre marié,
C'est qu'il se trouue misérable
Quand il est mal apparié.

Si le lien du mariage
Est plus fort qu'vn nœud Gordien,
La mort a bien de l'auantage
Pour faire rompre son lien.

Si l'on voit qu'vne ame solide
Trauaille pour auoir du bien,
C'est que lors qu'vne bourse est vuide
C'est du cuir qui ne sert de rien.

Si le fils verse peu de larmes
Quand son père vient à mourir,
C'est qu'il considère les charmes
Du bien qui le doit secourir.

Si l'ingrat a l'âme traistresse
Vers ceux qui le traitent le mieux,
C'est qu'un chat traistre qu'on caresse,
Porte sa griffe dans les yeux.

Si les maris craignent le blâme
Et les riches de s'hazarder,
C'est que les escus et la Dame
Sont difficiles à garder.

Si le Moine se sert de ruse,
C'est quand il demande pour Dieu,
Puisqu'on sçait bien qu'il nous abuse
Et qu'il prend l'aumosne en son lieu.

Si quelque personne est friande
Des bons morceaux en son repas,
Et ne sçait que vaut la viande,
Elle ne les mérite pas.

Si c'est vn mal qu'vn coup d'espée,
Qui nous met aux pieds du vainqueur :
Que fait la parole échappée
Qui porte le coup dans le cœur ?

Si le passioné des Dames
Manque en leur disant son secret,
C'est que les pies et les femmes
Ont tousiours le bec indiscret.

Si l'on estime la finesse
D'vn renard qui pense échapper,
Que doit on dire de l'adresse
De eeluy qui sçait l'attraper.

Si dans vn marché le rustique
Y vend des veaux et des oisons,
C'est ce qu'vn Procureur pratique
Au Palais en toutes saisons.

Si l'âme n'est pas asseurée
En voyant des malicieux,
Faut la demeure séparée,
Et ne plus rien faire auec eux.

Si le Nain donne l'épouuante
Quant il aborde près des fous,
Que fait l'amour lorsqu'il enchante
Les yeux et l'esprit d'vn jaloux.

Si l'on voit qu'vn homme s'étonne
Quand la mort le veut accoster,
C'est parce qu'il sçait que personne
N'a pouuoir de luy résister.

Si le Deuin paroist vn asne
Iugeant vne mort faussement,
Vn grand Preuost qui nous condamne,
La prédit véritablement.

Si les soldats aiment la guerre
Et ne se plaisent qu'aux combats,
Tous les Sophistes de la terre
Ne respirent que les débats.

Si l'âme pleine d'insolence
Reçoit sounent vn mauuais tour,
C'est que la grande violence
N'est excusable qu'en amour.

Si l'esprit est bien nécessaire
Pour auoir du contentement
C'est qu'on ne fait pas vne affaire
Qu'en suite de son iugement.

Si l'on apprend vne science
Si mal en nostre nation,
C'est parce que l'impatience
Diuertit nostre affection.

Si quelque affaire d'importance
A de l'obstacle en la faisant,
Pour oster toute résistance
Qu'on intéresse l'opposant.

☯

Si l'amant passe son année
A la chasse des faux plaisirs,
C'est que son âme aliénée
Le rend aueugle en ses désirs.

☯

Si l'Orateur est plein de charmes
Pour émouuoir les passions,
L'argent a d'aussy bonnes armes
Pour changer les affections.

☯

Si les langues qui sont disertes,
Ont leurs bouches pleines de miel,
Leurs pensées qui sont couuertes
Cachent dans leurs ames le fiel.

☯

Si quelqu'vn dit que la Grammaire
Ne monstre comme il faut parler,
C'est que la nourrisse ou la mère
Instruit l'enfant à babiller.

☯

Si la femme vsant de la ruë
Ne guérit du mal qu'elle sent,
Elle doit estre secouruë
D'vn Médecin adolescent.

Si c'est auantage de naistre
Grand seigneur plustost que suivant
C'est qu'en donnant, on fait le maistre,
Et le valet en receuant.

Si quelqu'vn tourne en raillerie
La rime fait en vn moment,
C'est qu'elle vient d'vne furie
Et non pas d'un grand iugement.

Si le panure n'a point de gloire
Se voyant en aduersité,
C'est que la peine est l'accessoire,
D'vne grande nécessité.

Si la fille estant contrefaite
Fait qu'on souspire nuit et iour,
Sa richesse que l'on souhaite
Est la cause de cet amour.

Si le magicien profane
Peut faire quelques changemens,
C'est de changer vn homme en asne
Quand il croit aux enchantemens.

Si les rochers Carybde et Sylle
Se font craindre sans voyager,
C'est qu'ils sont ailleurs qu'en Sicile,
Puisqu'on voit partout du danger.

Si l'on doit louer l'Alquemie,
C'est en vne riche maison,
Où la dépense est ennemie
Quand elle est faite sans raison.

Si l'on voit qu'vu homme seconde
Quand vne belle veut l'aimer,
C'est qu'estant l'ornement du monde
Sa beauté peut tout animer.

Si ie ne suis pas punissable
Finissant bien sur son sujet,
C'est que sa pensée de sable
Vole au vent d'vn dernier objet.

Si nous voyons qu'vn Hérétique
Ne s'amuse qu'à disputer,
C'est l'exercice d'vn Critique
Contre vn qu'il ne peut imiter.

Si iusques à tant que l'on meure
Au monde on a mil déplaisirs,
C'est qu'on ne pense de bonne heure
A porter plus haut ses désirs.

Et si nostre ame n'est contente
Dans la richesse et les plaisirs,
C'est qu'hormis Dieu, toute autre attente
Ne peut contenter nos désirs.

FIN.

Imprimé par Horemans, à Wazemmes-Lille.

CPSIA information can be obtained
at www.ICGtesting.com
Printed in the USA
BVHW040140281118
534013BV00011BA/550/P